TEXTES DIVERS

BABYLONIENS

PAR

PAUL TOSCANNE

Tirage à part du Recueil de Travaux relatifs à la Philologie et à l'Archéologie égyptiennes et assyriennes. Vol. XXX.

PARIS (VIᵉ)

LIBRAIRIE HONORÉ CHAMPION, ÉDITEUR

Successeur d'ÉMILE BOUILLON

5, QUAI MALAQUAIS, 5

1908

Extrait du *Recueil de Travaux relatifs à la Philologie et à l'Archéologie égyptiennes et assyriennes.*
Vol. XXX.

TEXTES DIVERS BABYLONIENS

PAR
PAUL TOSCANNE

Masse d'armes

Texte A. (Musée du Louvre.) — Ce petit objet de marbre, désigné sous le nom de *masse d'armes*, est en partie brisé. L'inscription, qui ne contient plus que trois cases d'écriture, est bien gravée; à la partie supérieure, un lion, dont il ne reste qu'une partie de la crinière et les pattes.

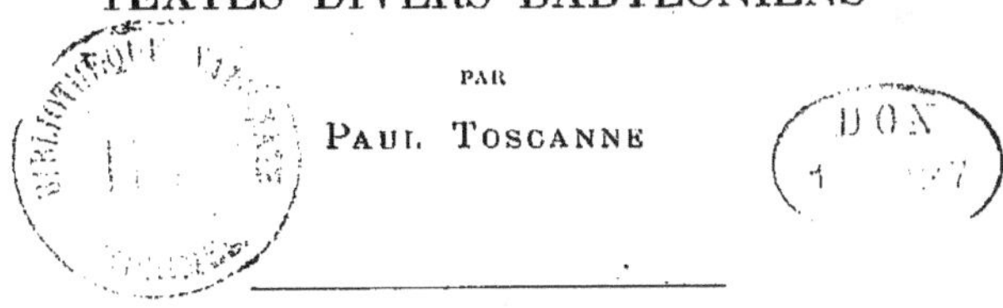

1 . . . .   1 . . . .

   tur ur-šul

   tur ur-(?)[1]

   a-mu-ru

1 . . . .

   fils de Ur-šul,

   fils de Ur-(?),

   a consacré (a voué).

Galet

Texte B. (Musée du Louvre.) — Ce fragment provient d'un galet, la surface est très unie. On peut croire que, seule, la partie supérieure du galet portait une inscription, ce qui nous en reste est malheureusement mutilé. Il s'agissait d'un roi de Kišu.

---

1. Le signe dont les traits intérieurs ont disparu devait être ☐ ou ☐. Il faudrait donc lire *Ur-gur* ou *Ur-engur*.

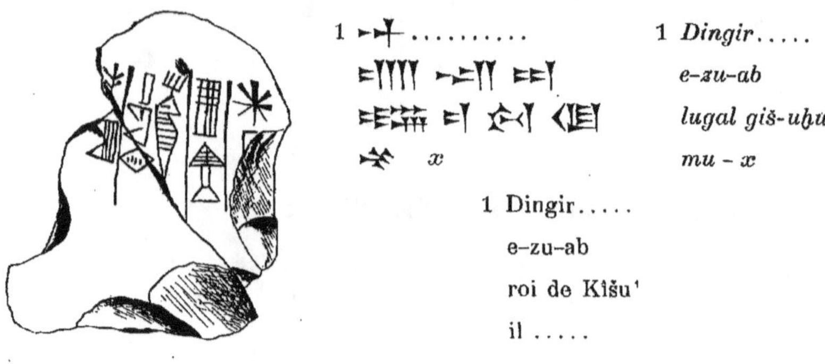

1 Dingir.....
e-zu-ab
lugal giš-uḫu-ki
mu - x

1 Dingir.....
e-zu-ab
roi de Kîšu[1]
il .....

Texte C. (Musée du Louvre). — Cette inscription est gravée sur marbre blanc et ne contient qu'une colonne, dont le commencement et la fin sont brisés. Ce petit texte nous apprend que le père et le fils portaient le même titre *nu-tur*.

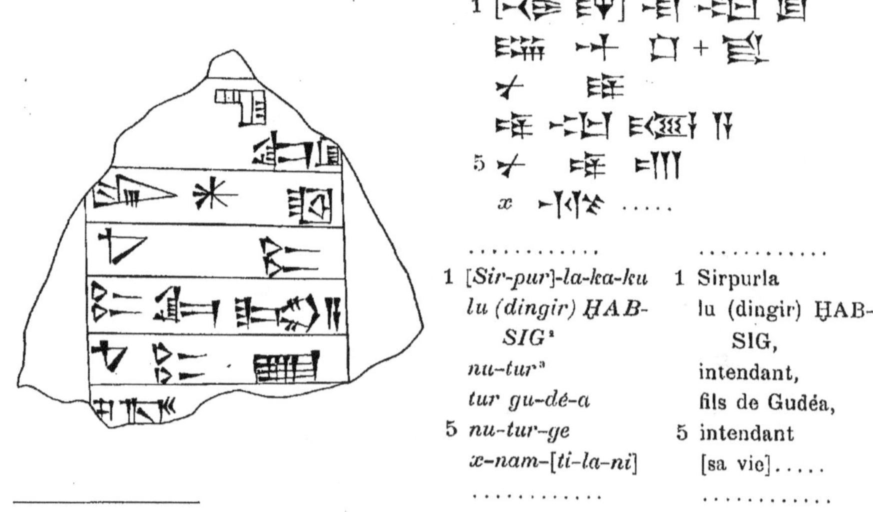

. . . .

1 [*Sir-pur*]-*la-ka-ku*   1 Sirpurla
  lu (dingir) ḤAB-   lu (dingir) ḤAB-
     SIG[2]   SIG,
  nu-tur[3]   intendant,
  tur gu-dé-a   fils de Gudéa,
5 *nu-tur-ge*   5 intendant
  x-nam-[ti-la-ni]   [sa vie].....

. . . .

---

1. [signes], rendu par *Kîšu.* C. T., XVI, 36, 3.

2. L'idéogramme est composé des deux signes [signes]. Notre signe semble être [signe] gunifié [signes], tandis que, pour la forme donnée dans le *Recueil de Signes*, nᵒ 187, par SCHEIL, c'est [signe] qui semble gunifié, mais nous pensons que ces deux formes archaïques ont la même valeur, et nous lisons provisoirement ḤAB-SIG. Scheil traduit par [signe], *récipient*, [signe], *germe*; en effet, [signe] est rendu par *banù* (*sig*), IV, 27, 6 a, et Brünnow, nᵒ 7020, donne : [signes], rendu par *bunnanû* et par *nabnttu*. [signe] représente l'idée de *la création*, de *la conception*, dans le *récipient* [signe], et [signes] a le sens de *conformation extérieure; structure du corps; taille; statue.*

3. *Nu-ban da* (*tur*) est rendu par *ḫazânu* « chef, intendant ».

Inscription de Lupa

Texte D. (Musée du Louvre.) — Cette inscription, que nous donnons ici, appartient à la statue portant le nom de LUPA. Cette statue est en diorite, de même que les statues de GUDÉA, mais est très mutilée; on n'a pu la reconstituer que jusqu'à la taille. La tête de LUPA est la partie la mieux conservée, le Musée la possédait déjà depuis plusieurs années. Ce qui reste du texte se trouve sur la poitrine et les bras de chaque côté du corps. Ce n'est pas une statue royale, mais celle d'un *chef de district* du pays de Kîšu (*giš-uḫu-ki*). La fonction de LUPA est ŠAK-NANGA, c'est la première fois que nous rencontrons ce titre; son fils NARU porte aussi ce titre [cuneiform].

Tête de LUPA.

Les signes sont d'un style tout à fait archaïque et ont été gravés à la pointe; bien que très mutilée, l'inscription est pour nous d'une grande importance. Nous y relevons le nom de [cuneiform], ainsi qu'une série de mesures de [cuneiform]; de [cuneiform]; de [cuneiform]; de [cuneiform], etc. Il est fait aussi mention de *digue :* [cuneiform]. Une série de cases d'écriture commence par le signe [cuneiform], mais le texte qui suit *zag* est souvent illisible. Le texte comporte trois colonnes situées sur l'épaule et la poitrine, côté droit; la colonne I commence par le nom propre de LUPA et contient sept cases; la colonne II, huit cases, et la colonne III, huit. Sur le côté gauche, sont disposées également trois colonnes de signes; la première comprend douze cases d'écriture, sept cases sont complètes, les colonnes II et III n'ont que peu de texte; vers la ceinture, on peut encore lire quelques cases. L'inscription devait se continuer dans le dos du personnage, car il reste quelques cases d'écriture disposées sur deux colonnes. Nous aurions voulu revoir la statue pour pouvoir élucider certains points.

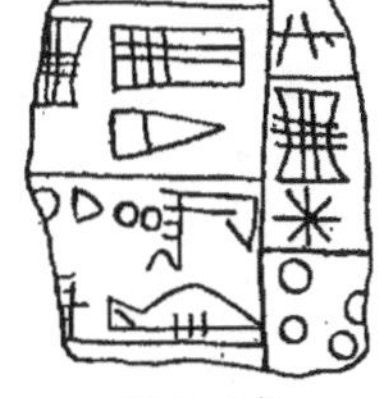
Texte : dos.

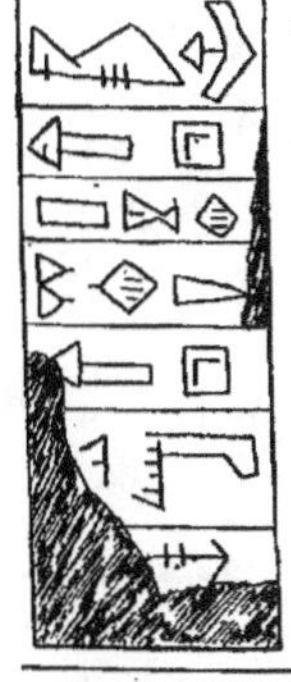

Col. I.	1 [cuneiform]	1 Lupa,	1 *Lu-pa*
	[cuneiform]	chef de district	*šak-nanga*[1]
	[cuneiform]	du pays de Kîšu,	*giš-uḫu-ki*
	[cuneiform]	fils de Naru,	*tur na-ru*
	5 [cuneiform]	5 chef de district	5 *šak-nanga*
	. . . .	. . . .	. . . .
	. . . .	. . . .	. . . .

1. Pour la lecture *nanga* et le sens du composé [cuneiform], voir BRÜN., n° 10143, [cuneiform], lecture *nanga* et

STATUE DE LUPA
Côté face.

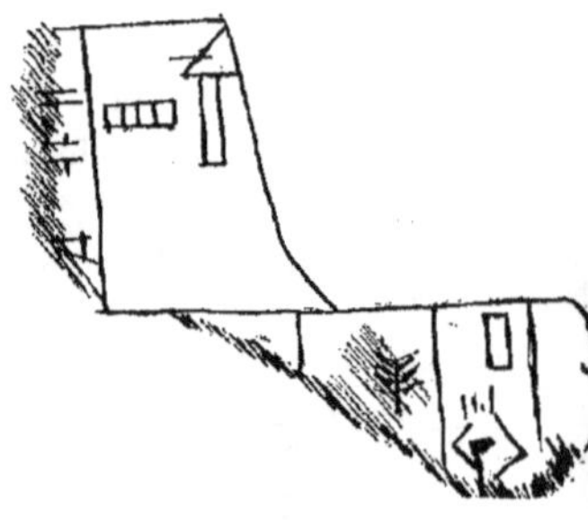

Plaque de marbre

Texte E. (Musée du Louvre.) — On pourrait croire que cette inscription n'est
point entière à cause de la cassure du bas, et, sur le côté droit, il n'en est rien. Cette

trad. ⌐⌐ ⌐⌐ ⌐. Le groupe ⌐⌐ doit être équivalent, comme valeur et comme sens, à ⌐⌐, car
⌐ possède les différents sens de ⌐. La traduction *nagû* signifie « contrée, ressort, district ». Le ⌐⌐
⌐⌐ est (l'homme), *tête du district, le chef du district.* LUPA était donc *chef d'une contrée.* Il faut traduire : *Lupa, chef de district du pays de Kišu, fils de Naru, chef de district.....*

plaque en marbre porte sur le côté gauche et à la partie supérieure des traces d'enca-
drement, elle a dû être façonnée pour être ajustée dans une sorte de cadre. Il est facile
de constater qu'après la cinquième case, col. I, il n'y avait plus d'autres cases de signes ;
quant à la colonne IV, elle se terminait après le nom de *Gursar*, et le texte continue
dans l'ordre à la colonne V. La colonne V n'a que deux cases d'écriture.

Notre texte, à partir de col. IV, l. 5, est complet et est à lire : *Ur-ninâ tur ni-
ni-ḫal-du, tur gur-sar eš-gir-su mu-ru ;* mais il diffère quelquefois un peu pour

l'ordre des signes dans ces mêmes inscriptions; ex. : *Ur-ḫanna tur ni-ni-ḫal-du, tur gur-sar e-dingir-ḫanna mu-ru, eš-gir-su mu-ru.*

Cette inscription, d'un style archaïque, est antérieure à Gudéa, l'écriture est linéaire, le clou n'apparaît presque pas, et la traduction présente de sérieuses difficultés.

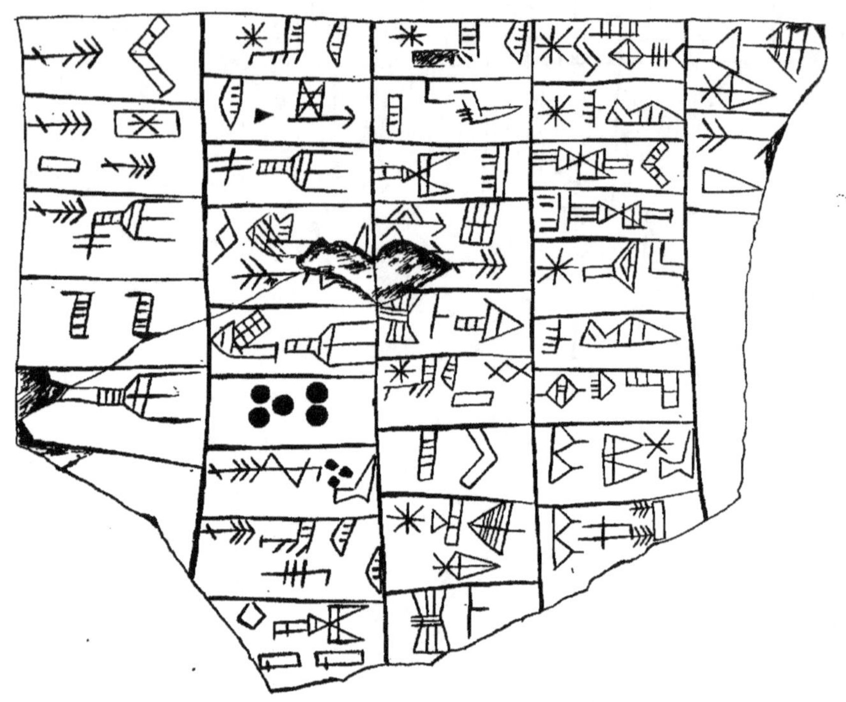

Colonne I

1	1 *gi-asag*	1 Le roseau clair,
	gi-i' *giš-gi*[2]	roseau d'eau de la roseraie,
	gi pa-uzu	roseau du puissant voyant,
	daš-daš	un destin
5	5 *x - uzu*	5 ..... du voyant.

1. Les lectures *engur, gilugu, ziqam*, sont données pour le signe.

2. Gudéa, Statue K, fragment, *gi-bi. giš-gi-ta* « son roseau dans la roseraie ».

Colonne II

1 *(dingir) En-ki*

ki-(dil[1] ou 1)-gal

pa-uzu

ud-(ka+šu) mu-du

5 sag-²ganan-uzu

kur-niš[3]

gi-nin kur-du

gi en-ki nun-ki

dug ḫe-mal-mal

1 En-ki
ki-dil-gal,
le puissant voyant (devin),
quand une invocation il (adressa) fit,
5 du regard autoritaire (à la vue puis-
sante) le voyant

(sur) pays vingt (nombreux),
le roseau d'Ištar établit (sur) le pays.
Que le roseau d'Enki d'Eridu
(fasse) que bonne soit entièrement (la
vision du devin).

Colonne III

1 *dingir En-ki*　　　1 Que Enki

eš[4]-bar-kin　　　un destin (un arrêt)

ḫe-e　　　émette (prononce)

uru-ib[5] [ ] gi　　　(de) l'Uru-ib [ ] gi.

5 zag-me-bi　　　5 Sa puissance soit.

dingir En-ki gišpu[6]　　　Enki sublime (grand-
　　　　　　　　　　　　　　[grand)

---

1. Il faut peut-être lire pour ⟨signe⟩ absin-gal, rendu par *šêr'u* (Br., 9642).

2. Voir notre Liste de signes, n° 499. Le signe composé = ⟨signe⟩ + ⟨signe⟩ ; voir *Gudéa*, cyl. A, XV, 18... Le signe encapsulé dans ⟨signe⟩ est ⟨signe⟩, dont on ne connaît pas la lecture. Il appartient à la série *pisannu* ⟨signe⟩, S° 145, et a pour nom *pisangaku-nunnuna-igub* et traduit par *gananu* en hébr. נן et par *mitru*. Notre signe est le ⟨signe⟩ nunnifié ou *ga-gunû*. Nous lui donnerons pour lecture provisoire *ganan*, *ganunu*, comme ⟨signe⟩ est lu provisoirement *karibu* (voir Scheil, *Textes élamites*).

3. ⟨⟨ = 20, ou, ici, le sens de *kabtu*.

4. *Gudéa*, cyl. B, IV, 36, ⟨signes⟩ *lugal dingir en-ki e eš-bar-kin ba-an-šum* « Le roi (dingir) Enki (plaça) établit du temple le destin ».

Gudéa, cyl. A, XX, 16, ⟨signes⟩ *(dingir) Nina (ḫanna) tur nun-ki e eš-bar-kin mal šal-ba-ni-ka* « Nina, enfant d'Eridu, a fixé les destinées du temple ».

5. L'Uru-ib est l'endroit du « voir ». Il faut traduire : « Que Enki fixe le destin de l'Uru-ib [...]gi (Zag-me-bi). Sa puissance soit; (pour cela), Enki sublime (grand-grand) la tablette (cette écriture) consacra. »

6. ⟨signe⟩ est lu *gišpu*, XI, 43, Rm, 600, 19. Il est rendu par *rabû*. ⟨signe⟩ a le même sens; d'où, pour *Enki*, la qualité de « grand-grand ».

Colonne III *(suite)*

	umuš-šub	Une tablette consacra.
	dingir Nin-su-gir	Ningirsu,
	'*zag-me*	puissant, ordonna.

Colonne IV

1	1 *dingir Šul²-subar*	1 Šulsubar,
	dingir lugal	dieu-roi,
	il-azag	le *il* pur,
	e-il	il éleva (porta).
5	5 *dingir Nina²-ur*	5 Ur-nina,
	lugal	roi
	Sir-pur-la	de Sir-pur-la,
	tur (ni'-ni)-ḫal-du	fils de Ili-ḫal-du,
	tur gur-sar	fils de Gursar.

Colonne V

1	1 *eš-su-gir*	1 La maison de Girsu
	mu-ru	il fit.

Collection de cylindres

I

(Musée du Louvre.) — Petit cylindre en pierre noire, assez dure. La scène est composée de trois personnages, dont l'un, assis, représente un dieu devant lequel le

---

1. Pour *zag-me*, nous devons probablement accepter le sens de *pour* (*emuqu*), et pour celui de *parṣu* « tranches, commandes ».

2. (*Dingir*) *Šul-subar* doit être un vocable de *Bau*, déesse créatrice du vide, le dieu qui n'a ni père ni mère, puisqu'il est son propre père, sa propre mère. Dans Entémena, on a . Le dieu *Šul-subar* possède les deux qualités de (dieu et roi); il s'agit du roi déifié, et cette double qualité, que nous rencontrons dans certains noms, est une indication de l'état d'immortalité du roi divinisé et qui de son vivant était déjà considéré comme dieu.

3. Pour la lecture *ḫanna* du signe , voir LEDRAIN, *Dictionnaire*; d'un autre côté, nous avons, tablette Sᵃ 27, le dieu .

4. Pour , certains ont vu . Nous pensons que c'est une erreur, car ce nom, dans toutes les inscriptions de cette nature, est disposé exactement de même façon, et la case qui contient les éléments du nom est semblablement écrite. Dans notre texte, il s'agit du double signe juxtaposé, comme nous trouvons le double signe , , , etc. Peut-être faut-il lire plutôt *ili-ḫal-du* ou bien encore *zal-zal-ḫal-du*, si nous nous reportons au groupe *zal-zal-la*.

second personnage, debout, semble présenter le troisième, le tenant par la main, un esclave sans doute. Dans le champ, le croissant et le scorpion.

Deux lignes d'écriture :

Ur (dingir) Ab-u	Ur Abu',
lu mâ-gal-gal	homme de la grande barque.

II

(Musée du Louvre.) — Le cylindre est assez fruste, mais l'inscription est bien conservée; la scène est la même qu'au n° I. Le dieu, assis, est coiffé de la tiare à cornes, de même que le personnage debout devant lui et qui semble présenter le second par la main.

Trois lignes d'écriture :

dingir Gal-imma	Galimma,
tu-giš	père juste[2] (droit)
Ur (dingir) Ba-u	d'Urbau.

III

(Musée du Louvre.) — Cylindre très bien gravé. Le dieu est assis sur un siège recouvert d'une étoffe frangée, lui-même est revêtu d'un long manteau à franges et tient à la main une sorte de coupe. Deux personnages sont debout devant le dieu : le premier a les mains ramenées à la ceinture et porte une coiffure basse; le second, qui porte une robe à plis, est coiffé du bonnet pointu; les mains sont élevées, signe d'adoration.

---

1. ⊢⊣ ⊨⊨⊧ ⊨⫼⊫ est rendu par ⊢⊣ Ninip, Br., n° 3836.

2. ⊨⊧⊣, avec la lecture giš, rendu par išâru (ישר), a le sens d'être droit, plein de droiture, S° 33.

Deux lignes d'écriture, et derrière le dieu, un faon.

an-gud an-na
an Mar-tu.

L'invocation est adressée au dieu « fort », au dieu du ciel et au dieu Martu.

IV

(Musée du Louvre.) — Cylindre dont la scène se compose du dieu debout sur le dos
d'un bouquetin. Le dieu porte la barbe, vêtu d'un manteau et coiffé de la tiare à cornes
réunies au sommet; il tient à la main un objet (une tige). En face, un personnage rasé,
et derrière lui, un troisième personnage barbu, portant un long manteau; il a les mains
élevées, et, devant lui, un serpent est dressé. Dans le champ, un disque formé du croissant, et dans le disque, une étoile à rayons doubles. (Marbre noir.)

Deux lignes d'inscription :

Gimil Zamâmâ   Gimil Zamâmâ,
tur-uš-uš   fils de Ušuš.

V

Nous reproduisons ici un petit cylindre en hématite, publié autrefois dans la *Glyp-
tique orientale*, p. 193. Il s'agit d'un personnage qui se nomme *serviteur* d'un autre.
Le fait est assez rare. Si nous donnons ici ce dessin, c'est pour
le comparer à un cylindre, identique quant au texte que possède le Musée du Louvre (VI), et en même temps apporter une
notable correction à la traduction qui en a été donnée.

La correction porte sur la ligne 4 : il faut lire : *lugal Ki-
šar-ra-ge* « roi de pays (nombreux) », et non « roi d'Aššur ».

La quatrième ligne est : [cunéiforme], et est confirmée par la
quatrième ligne du cylindre du Louvre (VI).

VI

(Musée du Louvre.) — Ce cylindre présente un grand intérêt en ce qui se réfère à
Kurigalzu, [cunéiforme] *šar kiššâti* « roi des légions »; par I, xiv, 3, l. 7, 8,

il est désigné par : [signes cunéiformes] *roi de Šumer et d'Akkad, roi des quatre régions;* par Scheil (*Rec.*, XXIII), [signes cunéiformes] *roi d'Ur;* et, enfin, dans *OBI.*, nᵒ 43 : [signes cunéiformes] *roi de Karduniaš.*

Dans V, un personnage est debout, portant la barbe, coiffé d'une sorte de calotte, vêtu d'une robe partant de la ceinture, les mains sont élevées; mais, dans VI, il s'agit d'un personnage assis sur un tabouret agrémenté de petits disques. L'attitude est celle de l'attente, et, comme dans V, il est vêtu d'un long manteau qui le couvre entièrement, porte la barbe et est coiffé de même que dans V. Dans le champ, une sauterelle.

Ce cylindre est en agate, les caractères sont d'une grande finesse; à l'exception d'un signe, l'inscription est complète.

Il est à remarquer que le nom de Kurigalzu est écrit dans VI : [signes cunéiformes]; dans *OBI.*, pl. 23, nᵒ 56 : [signes cunéiformes]; dans les autres textes, [signes cunéiformes]. — Or, [signe] et [signe] ont la lecture commune de *KUR*, il est à présumer que l'on devait lire Kurrigalzu.

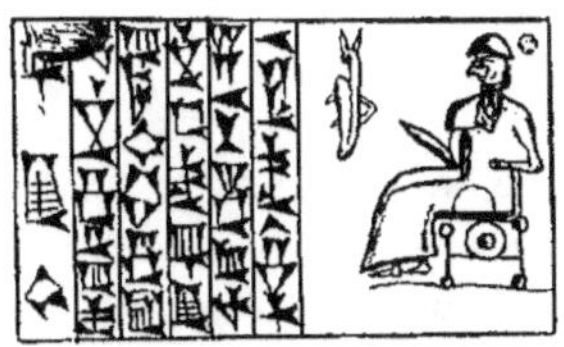

1 *Du-ri Ul-maš*
  mar Be-el-šu-nu
  nita Kur(r)-ri-gal-zu
  lugal KI-ŠAR-RA-GÊ
5 ug-ge¹ *Dûr-Ku(r)-ri-*
  gal-zu-(ki)²

1 Duri Ulmaš,
  fils de Belšunu,
  serviteur de Ku(r)rigalzu,
  roi des pays,
5 préfet de Dur-Ku(r)rigalzu.

1. « Le temple Ulmaš est ma citadelle. »

VII

(Collection particulière.) — Petit cylindre en marbre grisâtre. Un personnage dans l'attitude craintive; c'est le serviteur rasé, sans vêtement, mais coiffé; il semble tenir un petit disque à la main droite. Dans le champ, trois disques et une sorte de croix, le prototype de la croix grecque.

1. [signes cunéiformes] est à lire *ug-gê* (voir C. T., XII, 8 b, 7, et XII, 30, 37744, 11), avec le sens de *šagganakku.*

2. Dur-Ku(r)rigalzu, aujourd'hui Agargouf, à vingt kilomètres ouest de Bagdad.

Deux lignes d'écriture :

𒈗 𒈫	*Lu-nar*[1]	LUNAR, (musicien)
𒀭 𒃲 𒈬	*dingir Gal-mu*[2]	du dieu Galmu.

VIII

(Musée du Louvre.) — Nous plaçons ici un des personnages qui font partie du bas-relief généalogique d'Ur-ninâ (ḫanna).

C'est un serviteur placé à gauche du roi; il est rasé et vêtu d'une robe à partir de la ceinture; les mains sont ramenées et croisées sur la poitrine. Sur le pan de sa jupe, deux lignes d'écriture : son nom et sa fonction ayant beaucoup de rapport avec le VII, nous avons placé ce cliché ici.

𒁺 𒁺	*Du-du*	Dudu,
𒅗 𒈫	*si-nar*[3]	esclave.

IX

Cylindre en pierre noire. Il me fut communiqué, ainsi que le X, par mon ami Soldi, qui les avait achetés à un marchand de Bagdad.

Un personnage debout, vêtu d'un manteau frangé sur la poitrine et la jupe, rasé, mais coiffé, tel le personnage des V et VI.

Deux lignes d'écriture :

𒌨 𒀭 𒄖 𒆷	*Ur-(dingir)-Gu-la*[4]	Ur-Gula,
𒈗 𒁱	*lu-silig*[5]	chef.

X

De même provenance que le précédent. Ce cylindre, gravé avec une grande finesse, malgré quelques cassures, est bien conservé. Un personnage, debout, barbu et coiffé, est vêtu d'un manteau riche à franges dans le bas et sur le côté. Il semble offrir une

---

1. 𒈗 𒈫, rendu par *nâru* (lect. *nar*), Br., n° 7274.

2. *Dingir Galmu* est le dieu Ninip, II, 57, 73 c, 𒌋𒌋 (= 𒀭 𒃲 𒈬).

3. 𒅗 𒈫 *si-nar* est rendu par *dilibtu* (C. T., XVI, 14, 41, 42), à rapprocher de l'hébreu רלב « le besogneux, — l'opprimé, — l'esclave, — le dénué ». Le rôle de notre personnage est bien celui de *l'esclave* qui attend dans l'humilité les ordres du roi.

4. 𒌨 𒀭 𒄖 𒆷 est à rapprocher de Br.. 6433 : 𒈗 𒄖 𒆷 (𒀭), rendu par *bêlit ili*. D'autre part, le nom du dieu Gu-la est un des vocables de Bau, car 𒀭 𒄖 𒆷 (Br., 11145) est rendu par Bau. Il faut donc traduire « *l'homme de Bau, homme puissant* ».

5. Rendu par *gišru*, II, 62, 20 g.

tige portant des fruits au dieu du soleil représenté par une étoile placée sur un petit
autel. C'est évidemment une offrande en même temps qu'une invocation au dieu du
jour (de la clarté) contre les sombres présages de la *nuit* représentée par le double
croissant, ou la double calotte, qui recouvre les sept planètes. Dans le champ, un oiseau
éployé; derrière le personnage, un objet que nous ne connaissons pas.

Le double croissant représente le ciel avec les planètes et équivaut au signe
mi, avec le sens de *noir*, *nuit*. Cette forme est à comparer à ⟨⟩, cité par Scheil
(*Recueil de Travaux*, vol. XXII), et auquel il donne les valeurs *mušu* et
ṣalmu. Il faut comparer aussi la forme , relevée sur un cylindre
en calcédoine, de la Bibliothèque nationale. L'étoile qui est sur l'autel a aussi du
rapport avec notre dessin faisant partie aussi du même cylindre de la Bibliothèque.

Deux lignes d'écri- ture. Marbre de couleur rose.

▸┼ ◂ʏ	*an-ud*	Au dieu Šamaš,
▸ᴇʏ ▸ᴇʏʏ	*arad-zu*	ton serviteur.

XI

(Musée du Louvre.) — Ce petit cylindre, dont nous donnons différents dessins,
servait de cachet et est encore dans la monture (dessin XI^a) composée de
deux anneaux en or dans lesquels se trouve encastré le cylindre. Une tige,
terminée par une boucle, traverse le cylindre et relie la petite armature
en or.

Il existe également au Louvre un second cylindre monté de la même
façon que notre dessin l'indique, mais il ne porte pas d'inscription, seule
une scène de chasse l'orne : « un personnage, un genou en terre; devant lui,
un chien, un lion, un animal ailé, un cerf et un bouc ».

Le XI^b représente la scène : un dieu barbu, coiffé, est debout; la main
gauche ramenée à la ceinture, la main
droite tient une amphore de laquelle
s'échappe de chaque côté un filet d'eau pour se
répandre en méandres à ses pieds. Il s'agit probablement du vase à libation, et le dieu doit être
Êa, environné d'eau. A droite, des poissons; à
gauche, un chien, un lièvre, un oiseau, un scorpion. Devant le dieu, un chasseur vêtu d'une

XI^b

courte cotte et l'arc tendu.

Le petit cylindre ôté de sa monture présente les trois lignes de texte suivantes :

Ḫa-ḳa-ta
mâr Pa-ta-al-la
arad Ḫa-at-ni a-du (ara)

Ḫaḳata,
fils de Patalla,
serviteur Ḫatani' adu.

XII

(Musée du Louvre.) — Ce cylindre est gravé avec beaucoup d'art, les personnages bien dessinés; le trait est hardi, et le tout disposé avec beaucoup d'harmonie. Deux hommes avec cheveux et barbe bouclés, se faisant vis-à-vis et domptant un taureau. Le taureau est dressé, maintenu par les pattes. Entre les deux taureaux, un monstre à pattes d'aigle.

Deux lignes de texte, et en dessous, une gazelle.

Ni-ni²-tab-ba
lu-̄̄̄̄³.

XIII

(Musée du Louvre.) — Cylindre en agate d'un bleu pâle; une inscription de quatre lignes. Le texte, parfaitement gravé, est linéaire. Aucune scène ne décore le cylindre.

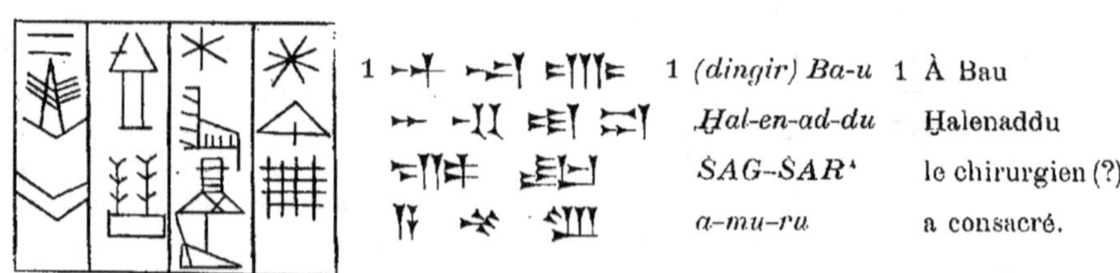

1	(dingir) Ba-u	1 À Bau
	Ḫal-en-ad-du	Ḫalenaddu
	ŠAG-ŠAR⁴	le chirurgien (?)
	a-mu-ru	a consacré.

---

1. Pour Ḫa-at-ni, DELITZSCH, Hand., p. 296, donne le sens de *protéger*, dans certains cas, aussi : *soutenir*; Ḫatânu, comme sens, est en étroite parenté avec *harârum*, *rêṣu*, « aider, auxiliaire ».

2. Probablement lire *Ilitabba* (suit un nom de métier).

3. Le signe n'a pas de lecture, mais est traduit par ⟶ ⟶ ⟶ (C. T., XII, 24 a, 54).

4. ŠAG-ŠAR est rendu par *gullubu* (Br., 3572), inf. de גלב « couper, celui qui coupe », celui qui *rase la barbe*, qui *abat la toison*.

XIV

(Collection particulière.) — Petit cylindre, pierre noire, en partie cassé; l'inscription est intacte. Deux personnages se regardant en face; celui de gauche de stature plus élevée que l'autre est revêtu d'un long manteau à franges, le second semble beaucoup plus petit.

Deux lignes d'inscription :

LU UR-UR[1]

arad-bi[2].

Empreinte de cachet sur une tablette

XV

Cette tablette appartient à une collection particulière, désignée S". Sa hauteur est de 45 millimètres sur 42 millimètres de largeur.

Sur le côté face, nous relevons le texte :

Face.

Quant à l'empreinte du cachet, elle devait comprendre le nom du roi, car il s'agit ici d'un cachet royal. Le revers de la tablette nous permet d'y lire :

. . . .

. . . .

Puis le nom du scribe : . . . .

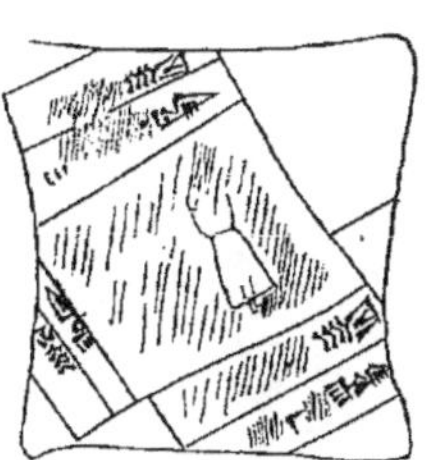

Revers.

La scène se composait de trois personnages, dont l'un, assis, la main gauche ramenée à la ceinture et la main droite tendue. Le second personnage a les mains réunies à la ceinture et semble attendre; le troisième a les mains en signe d'adoration. L'invocation est au dieu Ningirsu.

---

1. Le second signe de la première ligne est ⊐⊐⊏ double ou ⊐⊐⊏ ⊐⊐⊏ et correspond à la forme babylonienne, rendue par ⊏⊐ ⊀ ⊀ šitnunu, F. 5233. — Br., pour le groupe, donne le sens de aḫû.

2. Dans ces inscriptions, nous avons habituellement arad-zu « ton serviteur », mais ici nous lisons arad-bi; ⊐ est bien le pronom de la troisième personne pour les deux genres et les deux nombres.

Le roi Ur-ninâ (hanna)

XVI

(Musée du Louvre.) — Ce dessin, qui représente le roi Ur-ninâ, est semblable aux représentations des monuments que possédait déjà le Louvre. Il ne fait que con-

firmer ce que nous savions déjà sur ce personnage. Le dessin est gravé sur une plaque de coquille; les traits sont parfaitement accusés, l'attitude de profil est la même que dans les bas-reliefs généalogiques.

Le texte est disposé ainsi :

Ur-ninâ, roi de Sirpula.

EBN-EL-FARAD. Poésies en arabe. Gr. in-8°. 40 fr.

EBN-HAUCAL. Description de Palerme au milieu du X° siècle de l'ère vulgaire. Traduit par M. Amari. In-8°. 1 fr.

FAIDHERBE (le général). Collection complète des inscriptions numidiques (libyques) avec des aperçus ethnographiques. In-8° avec pl. 12 fr.

FINOT. Les lapidaires indiens. In-8°. 10 fr.

GAYET (A.-J.). Musée du Louvre. Stèles de la XII° dynastie, 60 pl. avec texte explicatif. In-4°. 17 fr.

GOTTBERG (E. de). Des cataractes du Nil et spécialement de celles de Hannek et de Kaybar. Gr. in-4°, avec 5 cartes. 20 fr.

GRÉBAUT (E.). Hymne à Ammon-Ra, des papyrus égyptiens du Musée de Boulaq. traduit et commenté. Gr. in-8°. 22 fr.

GUIEYSSE (P.). Rituel funéraire égyptien, chapitre 64°. Textes comparés, traduction et commentaires d'après les Papyrus du Louvre et de la Bibliothèque Nationale. In-4°, pl. 20 fr.

GUYARD (S.). Nouvel essai sur le pluriel brisé en arabe. Gr. in-8°. 5 fr.

JÉQUIER (G.). Le livre de savoir ce qu'il y a dans l'Hadès. Gr. in-8°. 9 fr.

JOHANNES DE CAPUA. Directorium vitæ humanæ alias parabola antiquorum sapientium. Version latine du livre de Kalîlâh et Dimnâh publiée et annotée par J. Derenbourg. 2 vol. gr. in-8°. 16 fr.

JORET (C.). Les plantes dans l'antiquité et au moyen âge. Histoire, usage et symbolisme. 1re partie : Les plantes dans l'Orient classique. Tome I°° : Égypte, Chaldée, Assyrie, Judée, Phénicie. In-8°. 8 fr.

— — Le même ouvrage. Première partie. Tome II : l'Iran et l'Inde. Un fort vol. in-8°. 12 fr.

— — La Flore dans l'Inde, in-8°. 2 fr. 50

LEDRAIN (E.). Les monuments égyptiens de la Bibliothèque Nationale (cabinet des médailles et antiques). 3 livraisons. In-4°. 50 fr.

LEFÉBURE (E.). Le Mythe Osirien. Première partie : Les Yeux d'Horus. In-4°. 20 fr.

— — — — Deuxième partie : Osiris. In-4°. 20 fr.

LEPSIUS (C.-R.). Les métaux dans les inscriptions égyptiennes, traduit de l'allemand par W. Berend, avec notes et corrections de l'auteur. In-4°, avec 2 planches. 12 fr.

LEVI (S.). Le théâtre indien. Gr. in 8°.

— — Quid de Graecis veterum Indorum monumenta tradiderint. In-8°. 3 fr.

LIEBLEIN (J.). Index alphabétique de tous les mots contenus dans le Livre des Morts publié par R. Lepsius d'après le Papyrus de Turin. In-8°. 12 fr.

MACLER (F.). Histoire de saint Azazaïl; texte syriaque, introd. et trad. française, précédée des actes grecs de saint Pancrace. In-8°, avec 2 planches. 5 fr.

MARIETTE-PACHA. Denderah. Description générale du grand temple de cette ville. 4 vol. in-f° et suppl. contenant 339 pl., acc. d'un vol. de texte in-4°. 390 fr.
    Le volume de texte se vend à part. 60 fr.
    Le supplément aux planches. Séparément. · 10 fr.

— — Monuments divers recueillis en Égypte et en Nubie. 28 liv. in-f°. 168 fr.

— — Les Papyrus égyptiens du Musée de Boulaq publiés en fac-similé. Tomes I à III, Papyrus 1 à 22. 3 vol. in-f° ornés de 121 planches. 400 fr.
    Le tome III, 20 pl. en couleurs, se vend séparément. 100 fr.

— — Le Sérapéum de Memphis. Nouvelle édition publiée d'après le manuscrit de l'auteur par G. Maspero. Vol. I avec un atlas in-f° et un supplément. 55 fr.

— — Les Mastaba de l'Ancien Empire. Fragments de son dernier ouvrage, publiés d'après le manuscrit par G. Maspero. 9 livr. 60 fr.

MARTIN (F.). Textes religieux assyriens et babyloniens. Transcription, traduction et commentaire. Gr. in-8°, avec 1 planche. 6 fr.

MASPERO (G.). Essai sur l'inscription dédicatoire du temple d'Abydos et la jeunesse de Sésostris. In-4°. 15 fr.

— — Hymne au Nil, publié et traduit d'après les deux textes du Musée britannique. In-4°. 6 fr.

— — Une enquête judiciaire à Thèbes au temps de la XX° dynastie Étude sur le Papyrus Abbott. In-4°. (Épuisé)

— — De Carchemis oppidi situ et historiâ antiquissimâ. Accedunt nonnulla de Pedaso Homericâ. Gr. in-8°, avec 3 cartes. 4 fr.

— — Mémoire sur quelques Papyrus du Louvre. In-4°, orné de 14 planches et fac-similés. 20 fr.

— — Rapport à M. Jules Ferry, ministre de l'Instruction publique, sur une mission en Italie. Gr. in-4°. 20 fr.

— — Les inscriptions des Pyramides de Saqqarâh. Un fort vol. gr. in-4°. 80 fr.

MASPERO (H.). Les finances de l'Égypte sous les Lagides, 1905. In-8° de 252 p. 12 fr. 50

MEILLET (A.). Études sur l'étymologie et le vocabulaire du vieux slave, 1re partie, 1902, gr. in-8°. 7 fr.

— — 2° partie. 1905, in-8°. 12 fr. 50

MÉLANGES d'archéologie égyptienne et assyrienne. 3 vol. in-4°. 15 fr.

OPPERT (J.). Mémoire sur les rapports de l'Égypte et de l'Assyrie dans l'antiquité, éclaircis par l'étude des textes cunéiformes. In-4°. 12 fr.

— — Duppe Lisan Assur, éléments de la grammaire assyrienne. 2° éd. In-8°. 6 fr.

PALANQUE (C.). Le Nil à l'époque pharaonique, son rôle et son culte en Égypte. Gr. in-8°. 6 fr. 50

LE PAPYRUS DE NEB-QED (exemplaire hiéroglyphique du Livre des Morts) reproduit, décrit et précédé d'une introduction mythologique, par Th. Devéria, avec la traduction du texte par M. Pierret. Gr. in-f°. 12 pl. et 9 pages de texte. 9 fr.

PERRUCHON (J.). Les chroniques de Zara Yâ 'eqôb et de Ba'eda Màryâm, rois d'Éthiopie de 1434 à 1478 (texte éthiopien et traduction), précédées d'une introduction. Gr. in-8°.   13 fr.

PÉRIER (J.). Vie d'Al Hadjdjâdj ibn Yousof (41-95 de l'Hégire = 661 714 de J.-C.), d'après les sources arabes. Gr. in-8°.   13 fr.

PIERRET (P.). Études égyptologiques comprenant le texte et la traduction d'une stèle éthiopienne inédite et de divers manuscrits religieux, avec un glossaire égyptien-grec du décret de Canope. In-4°.   20 fr.

— — Recueil d'inscriptions inédites du musée égyptien du Louvre traduites et commentées. Première et deuxième parties avec table et glossaire. 2 vol. in-4°.   50 fr.

— — Vocabulaire hiéroglyphique comprenant les mots de la langue, les noms géographiques, divins, royaux et historiques classés alphabétiquement; accompagné d'un vocabulaire français-hiéroglyphique. Gr. in-8°.   60 fr.

— — Essai sur la mythologie égyptienne. Gr. in-8°.   7 fr. 50

POGNON (H.). Une incantation contre les génies malfaisants, en Mandaïte. Gr. in-8°, avec 1 pl.   2 fr. 50

— — L'inscription de Bavian. Texte, traduction et commentaire philologique, avec trois appendices et un glossaire. 2 vol. gr. in-8°.   12 fr.

— — Les inscriptions babyloniennes du Wadi Brissa. Gr. in 8°, avec 11 planches.   10 fr.

— — L'inscription de Raman-Nérar Ier, roi d'Assyrie (réponse à un article de M. Oppert).   1 fr.

REGNAUD (P.). Matériaux pour servir à l'histoire de la philosophie de l'Inde. Gr. in-8°.   19 fr.

REVILLOUT (E.). Papyrus coptes. Actes et contrats des musées égyptiens de Boulaq et du Louvre. 1er fasc. Textes et fac-similés. In-f°.   20 fr.

— — Apocryphes coptes du Nouveau Testament. Textes. 1er fasc. In-4°.   25 fr.

— — Chrestomathie démotique. 4 vol. in-4°.   100 fr.

— Études sur quelques points de droit et d'histoire ptolémaïques. In-4°.   10 fr.

RITUEL funéraire des anciens Égyptiens. Texte complet en écriture hiératique, publié d'après le Papyrus du musée du Louvre, et précédé d'une introduction à l'étude du Rituel, par le vicomte E. de Rougé. Livr. 1 à 5. Gr. in-f°.   60 fr.

ROBIOU (F.). Recherches sur le calendrier macédonien en Égypte et sur la chronologie des Lagides. In-4°.   9 fr.

— — Questions d'histoire égyptienne, étudiées dans le Recueil de travaux relatifs à la philologie et à l'archéologie égyptiennes et assyriennes. In-8°.   1 fr.

— — Recherches sur la religion de l'ancienne Égypte, le culte. In-8°.   2 fr.

— Le système chronologique de M. Lieblein sur les trois premières dynasties du Nouvel Empire égyptien et le synchronisme égyptien de l'Exode. In-8°.   1 fr. 50

ROUGÉ (E. DE). Chrestomathie égyptienne ou choix de textes égyptiens, transcrits, traduits et accompagnés d'un commentaire et d'un abrégé grammatical. 4 vol. gr. in-8°.   (Épuisé)

— — Recherches sur les monuments qu'on peut attribuer aux six premières dynasties de Manéthon, précédées d'un rapport adressé à M. le Ministre de l'instruction publique sur les résultats généraux de sa mission en Égypte. Gr. in-4°, avec 8 pl. dont 5 doubles. (Épuisé).   50 fr.

SAADYA (Gaon de Fayyoum). Commentaire sur le Sefer Yesira ou livre de la création, publié et traduit par Mayer Lambert. Gr. in-8°.   10 fr.

SAULCY (F. DE). Dictionnaire topographique abrégé de la Terre-Sainte. 1 vol. in-8°.   6 fr.

SAUSSURE (DE). Mémoire sur le système primitif des voyelles dans les langues indo-européennes. 1887, in 8°.   10 fr.

SCHACK (G. VON). Die Unterweisung des Königs Amenemhat I. 1° et 2° Hälfte. Gr. in-4°.   8 fr.

TARAFA IBN AL-'ABD AL-BAKRI, Diwân. Texte arabe publié par M. Seligsohn et accompagné d'une traduction française. 1 vol. gr. in-8°.   16 fr.

TE'EZÂZA SANBAT (Commandements du Sabbat), accompagné de six autres écrits pseudo-épigraphiques admis par les Falachas ou Juifs d'Abyssinie, texte éthiopien publié et traduit par J. Halévy. Gr. in-8°.   13 fr. 50

VIREY (P.). Étude sur le Papyrus Prisse. Le livre de Kaqimna et les leçons de Ptah-Hotep. Gr. in-8°.   8 fr.

VIENT DE PARAITRE :

ASANGA   # MAHĀYĀNA-SŪTRĀLAMKĀRA

Exposé de la Doctrine du Grand Véhicule selon le Système Yogacara

Édité et traduit d'après un manuscrit rapporté du Népal

Par **Sylvain LÉVI**

Professeur au Collège de France, directeur d'études à l'École des Hautes Études.

TOME I. — Texte, in-8°...................... **15** fr.

SCHER (Mgr Addaï). **Notice sur les manuscrits syriaques conservés dans la bibliothèque du patriarcat chaldéen de Mossoul.** 1907, in-8°.   2 fr.

CHABOT (J.-B.). **Inventaire sommaire des manuscrits coptes de la Bibliothèque nationale.** 1907, in-8°.   1 fr. 50

www.ingramcontent.com/pod-product-compliance
Lightning Source LLC
Chambersburg PA
CBHW050733070726
47597CB00009B/3914